仏道に学ぶ心の修め方

白取春彦

イラスト しりあがり寿

Discover
ディスカヴァー

仏道に学ぶ　心の修め方

まえがき〈悟りについての誤解と悟りの真実〉

二つの誤解　「悟れば超能力が備わる」「悟るのは難しい」

悟りはずっと誤解されてきた。その大きな誤解には二種類ある。

一つ目の誤解は、悟りを得れば神通力《じんつうりき》、すなわち特別な超能力のようなものが備わるというものである。

この誤解は、ブッダ（仏陀）という尊称で呼ばれたゴータマ・シッダールタの用いた比《ひ》喩《ゆ》や形容の表現を、ついに悟りを経験しなかった弟子たちがそのまま事実としてとらえ、その解釈がさらに拡大したことから生まれた。

このタイプの誤解は、他の宗教においても多々見られる。たとえば、キリスト教の新約聖書では思いやりと愛情に充《み》ちた関係でいる状態のことを「天の国」「父の国」「神の国」という暗喩《あんゆ》で表現しているわけだが、これを、天国は客観的実在だととらえるといったことである。

さて、悟りについてのもう一つの誤解は、実際に悟るのは凡人にとってはなはだ困難だというものである。

有名な仏教学者である渡辺照宏でさえ著書『仏教』の中でこう誤解している。

「〝仏陀となる〟すなわち〝成仏する〟ことは仏教の理想ではあるが、それを実現することはきわめて困難である」

また、日本で広く読まれている作家・司馬遼太郎もまた、著書『この国のかたち　一』の中でカッコを付して、悟りの困難さを強調している。

「解脱《げだつ》とは煩悩《ぼんのう》の束縛から解きはなたれて自主的自由を得ることである（そういうことが凡人に可能かとなると、話はべつになる。解脱など、百万人に一人の天才の道ではあるまいか）」

ブッダは「誰でも悟れる」と言っていた

そもそも中国で生まれた「佛」という「仏」の古い文字は「人には非《あら》ず」という意味で

ある。仏は超人だということだ。悟った人が仏なのだから、そういう超人になる悟りなどとても難しいというわけである。

しかし、悟りがそれほど困難なものであるならば、ゴータマ・シッダールタの説いた仏法は最初から多くの人にとって縁遠いものであろう。ゴータマ自身、これは誰にでもできる簡単な方法だと述べたにもかかわらずである。

悟りを得るのが困難ならば、悟りはただ憧《あこが》れの境地として手の届かない場所に鎮座《ちんざ》することになる。実際、そうなってきたのである。

こういった誤解は、解脱、あるいは悟りが具体的にどういうものかわからないことから生じたものである。そこにまた、ファンタジーじみた想像が加わって、悟りがいよいよ神秘的になって遠ざかったのである。

悟りとは、物事をありのままにみるようになること

解脱、悟り、涅槃《ねはん》、これらの言葉は人がある清々《すがすが》しい状態になったときの表現の一つに

すぎない。

　それらの言葉の内実は、想像や思惑《おもわく》や怖れをまじえずに物事をありのままに見るようになったということだ。そういう態度で生きるのが悟りの境地である。ただそれだけのことにすぎない。境地とはいうものの、超然とした場所に立つことではない。

　禅宗にこういう有名な文句がある。

「仏に逢《お》うては仏を殺し、師に逢うては師を殺す」

　これは一部の生半可《なまはんか》な仏教者が述べている「禅の師匠に会ってもその師匠を殺すほどの覚悟を持って」という意味ではない。

　相手が師匠であっても、師匠という肩書から相手を見るのではなく、その人の人間性を見るのが正しい、というほどの意味である。

　それが、想像や思惑や怖れをまじえずにありのままに見るという態度、悟りの眼なのである。

　だから、修行《しゅぎょう》によって悟ることなく、また仏教をまったく知らずとも、悟りの境地で生きている人も当然いるわけである。その態度は、物心《ものごころ》がつかない幼児と同じである。

そのことを道元《どうげん》はよく知っていて、著書『正法眼蔵《しょうぼうげんぞう》』の「大悟《だいご》」で次のように述べている（中村宗一訳、誠信書房）。

「中には、生れながらに生を知っている者がある。これは生れながらに生を解脱しているのである。……また、師を持たずに知る者がある。仏道の師によらず、経巻によらず、本性によらず、……赤裸々なありのままの境地、即ち解脱の境地にある」

「人間は誰もが同じだ」とわかる

悟りが仏教だけのものであるのならば、普遍《ふへん》的なものではない。普遍的でないならば、人間にとって真実ではない。

悟りという言い方をしなくても、悟りと同じ状態に至ることはブッダ以前からよく知られていた。たとえば、紀元前10世紀頃からあるインドのヴェーダではこの境地に達するために修行がなされた。

それは、特別な修行でも耐えがたいほど厳しい修行でもない。ただ、師が修行者の前に犬の死骸や野菜や虫や石などを持ってきて、「これはおまえだ」と言うだけである。そして修行者は、いっさいが自分であることを悟る。

瞑想《めいそう》によっても結果は同じことが起きる。つまり、自分と対象の距離がなくなって、すべてと自分が混じりあってしまう瞬間を経験する。これは朦朧《もうろう》とした状態での夢のようなものではなく、はっきりと覚醒《かくせい》した状態で感じられる。

西洋においても、この悟りは多くの人たちが経験してきた。アッシジのフランチェスコのような修道士、哲学者、詩人や芸術家たちである。

18～19世紀の文豪ゲーテも悟りの状態を体感していた。ゲーテは好んで夜明けの瞑想を習慣としていたし、彼の詩集や『イタリア紀行』などを読むと、どの人間も同じだと深く感じていたことがわかる。

19世紀の哲学者ショーペンハウアーも同じで、そのことは彼の著者『意志と表象《ひょうしょう》としての世界』の第一巻に独特の表現で書かれている。

人間は誰もが同じだとわかるからこそ、見下した同情ではなく、本当の同情が可能になる。また、いっさいのものと自分の間が隔絶《かくぜつ》されていないから、物事がわかりやすくなるし、集中する力が強くなる。

その強い集中力を欲しがって、剣の一閃《いっせん》で生死が分かれる立場にある武士たちが禅定《ぜんじょう》（瞑想のこと）を習ったのだった。

ゴータマ・シッダールタは「悟れば、遠くの人が何をしているか見ることができる」という主旨の言葉を残している。悟れば、人はみな同じだとわかり、その意味で遠くの人が何をしているのかおのずとわかるとゴータマは言ったのである。それをあやまって文字通りに受け取ってきたから、「悟れば神通力が備わる」という誤解が生まれたのである。

悟りを出発点として善の実現に向かって生きる

本書でも述べているように、悟りはいつの日にか目指すべき遠い究極にあるものではなく、あくまでも出発点である。

そこから善の実現に向かって生きるのが本道である。だから、ゴータマ・シッダールタは善《よ》く生きること、人間倫理を重ねて説いたのである。

彼の教えの要《かなめ》はこれである。諸悪莫作衆善奉行《しょあくまくさしゅぜんぶぎょう》。つまり、「もろもろの悪をなさず善を行え」。

これは悟ってからのことではない。善をしているから悟れるのである。悟りと善とはなぜか一体なのである。

ただし、この善行とは各国の統治者が好むような道徳的なものではないし、キリスト教神学から生まれた倫理とも異なるし、カントが述べた理性の命令からの善でもない。

けれども、わたしたちがイメージする普遍的な善と大きく重なっている。その善が自然となされたとき、もはや仏教だの悟りだのといったことは意味がなくなるのである。

心の静けさと集中力が得られる

悟りに至る道は、何も考えない瞑想だけではない。無数にある。

風景を眺めても、動物を見ていても、音を聞いていても、自転車を漕《こ》いでいても、仕事や作業をしていても、介護をしていても、ある一瞬に悟ることがある。

それは神秘的だったり曖昧《あいまい》なものでもなく、急に視力がよくなったかのようにすべてが晴れ渡ってくっきりと見えるような感覚である。

ドイツ語では悟りをErleuchtung《エアロイヒトゥング》というが、これは「光明」とも「明るくなること」とも「照らすこと」とも訳せる。まさに悟りの実感をいきいきと表現した翻訳である。

また、すべて赦《ゆる》されて包まれている感覚も生じる。そして、自分が今しなければならないことが、強制されているものとしてではなく、自然な行ないの一つとして明瞭に了解される。

時間は以前よりゆったりと流れるように感じられる。その時間感覚に集中力が加わるから、仕事や作業などは効率が高くなる。まさしく一心不乱の実現であるが、本人にその自覚はない。

一回悟りさえすればこういった状態がずっと続くというわけではない。しかし何も考えない瞑想を適宜《てきぎ》に行なえば、そのたびに心の静けさと集中力をすぐに取り戻すことができるようになる。

心を無にすることを目的に瞑想をしても効果はない

マインドフルネスと呼ばれているものも一種の瞑想であり、もちろんストレス軽減や集中力増強などの効果がある。ただ、マインドフルネスを始める人は最初からいくつかの効果を目当てにする傾向が強い。

つまり、瞑想をすることによって自分の心や体調がよく変わるはずだということに強くこだわっている。そのプレッシャーを最初から自分が抱えての瞑想である。それでは本当にリラックスできるわけもなかろう。

何の見返りもあてにせずに、一日の疲れを休めるかのように瞑想するならば、数秒から数十秒で心が鎮《しず》まり、そのうちに心もなくなってしまうものだ。その段階に至ってようやく爽快《そうかい》な無を体験できるのである。

もし、最初から爽快な無を味わってみようという気持ちで挑めば、かすかな無さえも得られないだろう。常に頭が効果をチェックしているからだ。そんなふうでは、座禅の形をとりながら妄想の迷路にしか達しなかったこれまでの多くの僧侶と同じになってしまうだけである。

マインドフルネスで上手くいかないと思えば、あせりを感じ、どうすれば効果的に瞑想できるだろうかという悩みにとりつかれ、自分に合うノウハウがあるはずだとあちこちの技術論を渡り歩くことになる。それはもはやノイローゼだ。下手をすれば、心療内科の患者になる。

なんらかの効果を期待して瞑想に似たことをするよりも、何の人工音もない場所で詩などを一人でゆっくり読むほうが身心を安らかにさせる。一杯のぬるい茶をゆっくり飲んでも同じだ。

つまりコツは、無音、独り、何も考えないこと、だ。その三つが身心を洗い、自然と透明な無を呼んでくる。

仏道に学ぶ　心の修め方

目次

迷いの苦しみ

迷路の中に入ると、人は外に出ることができない。
迷路の壁が視界をさえぎり、方向感覚を失わせ、
自分がどこにいるのか、わからなくさせる。
迷路の壁を破ることができれば脱出できるのだが、
壁は厚い。それと同じことが人生で起きている。
悩み、苦しみの多くが、それである。
どんなに時間がたっても、いつまでも、
悩みや苦しみの迷路から抜け出せない。

迷路の中にいる人はあせり、嘆き、涙を流し、叫ぶ。
「誰がこんな壁をつくったのだ。どいつだ。どんな悪人だ。
それとも、犯人は社会か？　この腐れきった社会か？
ああ、誰か、この壁をこわしてくれっ。
この悩み、この苦しみから、わたしを救ってくれ」
壁の外に誰もいないわけではない。他人がいる。
はっきりとはしないが、彼らの声も遠くから聞こえてくる。
しかし、彼らもまた、それぞれの迷路の中にいて、毒づき、
人生や運命をうらみ、誰かが自分を救ってくれる
ことを求めて叫んでいるのである。

迷路をつくったのは誰だろうか。
迷路の壁を強固にしたのは、
いったい誰だろうか。
あるいは、社会か。時代か。運命か。
神のいたずらなのか。悪魔のしわざなのか。
しかし、神であっても悪魔であっても、
それを確かめるすべもないし、
状況も変わりはしない。

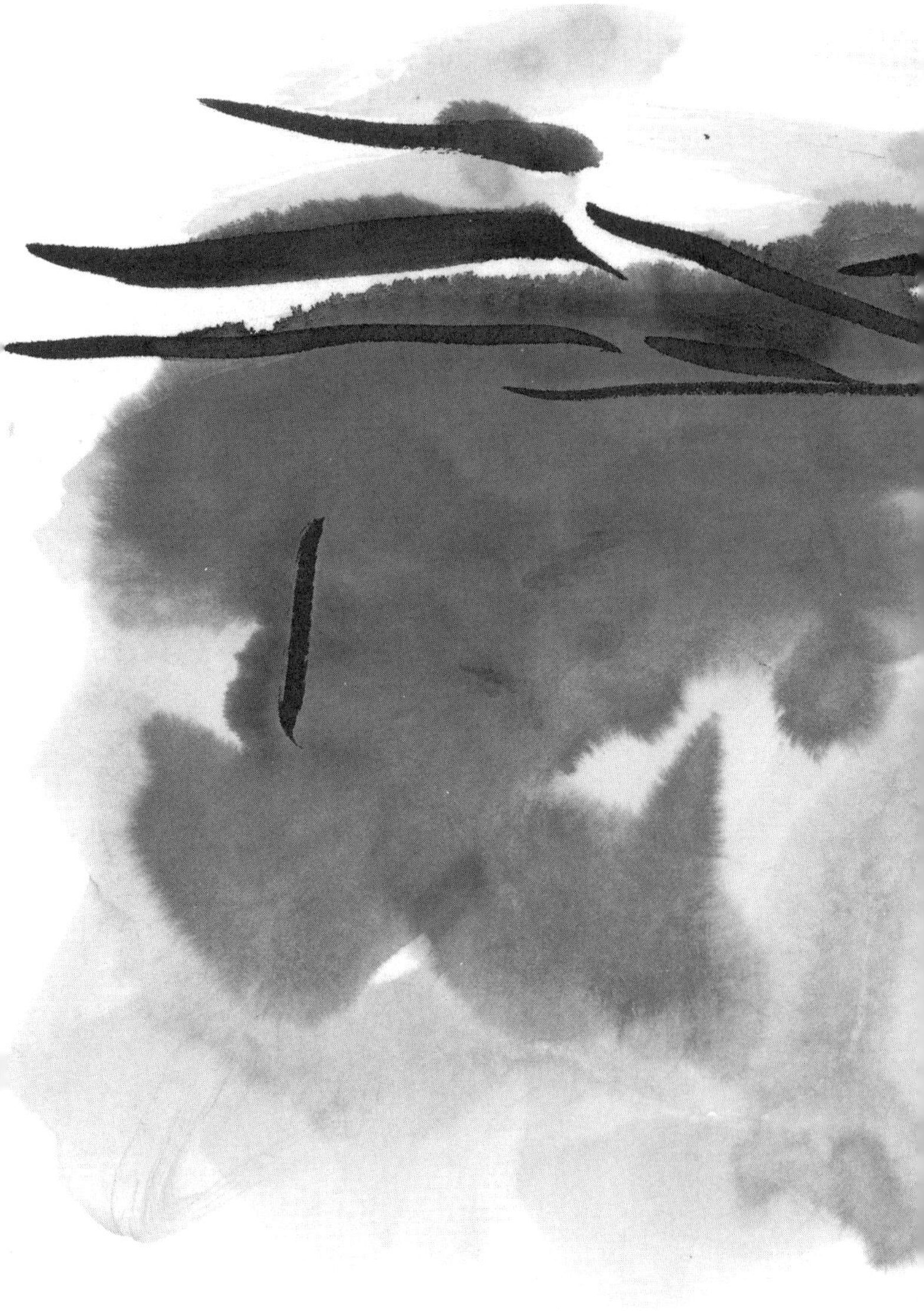

壁が問題だというのならば、
その壁をじっと見つめるしかない。
怖れず、眼をそらさず、よく見てみればいい。
壁にはうっすらと汚れのようなものがついている。
行く手をふさぎ、悩みを深くさせる迷路の
壁には、自分の指紋がついている。なぜならば、
この壁は自分がつくってきたものだからだ。
そのことに気づくとき、
脱出への道の一点が開く。

悩みと苦しみの迷路を
つくっている堅い壁とは何か。
自分の眼、自分の頭である。
自分のものの見方、考え方である。

そのことに気づかずに、自分探しを始める人も少なくない。

本当に旅に出たり、心理学の中に答を探そうとしたり、占いに没頭したり、売られているつかのまの癒しを買い続けたりするのだ。しかし、それらは徒労《とろう》に終わる。

救いのようなものが見えた場合でも、いつしか溶けて消え失せる。

長い旅に出たとしても、どこか別の地に移り住んだとしても、再び以前と同じ悩みと苦しみを味わうことになるだろう。

なぜならば、外界がどう変わろうとも、自分のものの見方、考え方が変わっていないからである。

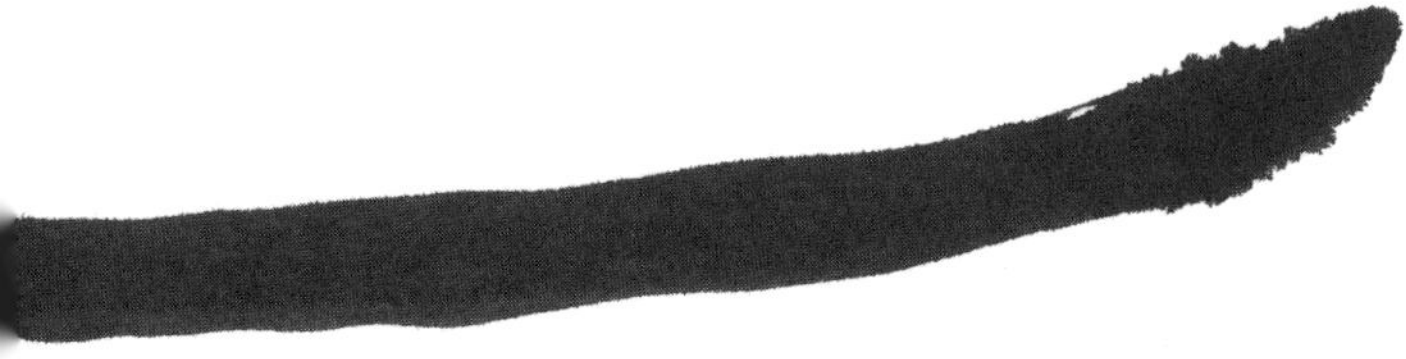

人はふつう、社会上の役割が自分だと思っている。
また、そうであることになれきっている。
会社員は会社員らしく、母親は母親らしくということだ。
そのことは社会を円滑に進めることに役立っている。
けれども、社会とは自然が人間に与えた環境ではない。
社会は人間がこしらえた人工の環境である。

そういう人工環境の中で人はそれぞれの
社会的役割の範囲内で自己のふるまいを決定しているのである。
そして、そういうふるまいをする自己を自分だと
思い込んでいるのである。それは人間そのものではない。
社会的演技をしている存在である。
幾重《いくえ》にも厚く化粧をほどこした自分である。

職業や立場ばかりが社会的化粧ではない。
年齢、性別、干支《えと》や生まれ月の星座など様々な迷信、
出身地、血統、……すなわち、属性《ぞくせい》のいっさいが、真の人間を
覆《おお》って見えなくしているものである。
そして、自分を悩ませているものを一つひとつ丹念にたどってみれば
すぐにわかるのだが、これら属性が苦しみの根源となっている。
他人に対する憎しみや悪念も、ひっきょうのところ
彼らの属性に対するものばかりである。

偏った判断が
自己を縛る

自分のものの見方、考え方を土台から造っているのは、
日々の判断である。さまざまな小さな判断の傾向は
いつのまにか自分の習慣になっている。
あれはつまらない、これはおもしろいということさえ、
習慣になっていて、自分が一度もためしたことのない事柄にさえ、
決定的な判断を下しているのだ。それは別名で偏見ともいう。
偏見の眼で事柄を見れば、いっさいが
その偏見のまま自分の眼に映る。
すなわち、真実が見えていないのである。

人は、ただそのままに見ることをしない。
すぐに自分なりの判断をして、心をいろいろに反応させる。
そのときに、見えているものが偏見で色づけられる。
それは、見えているものすべてに価値をつけ、値札をつけ、
自分との関わりの有無を決めつけているようなことである。
世界を自分で勝手に彩色しているのである。
そして、世界とはそういうものだと
すっかり信じ込んでいるのである。

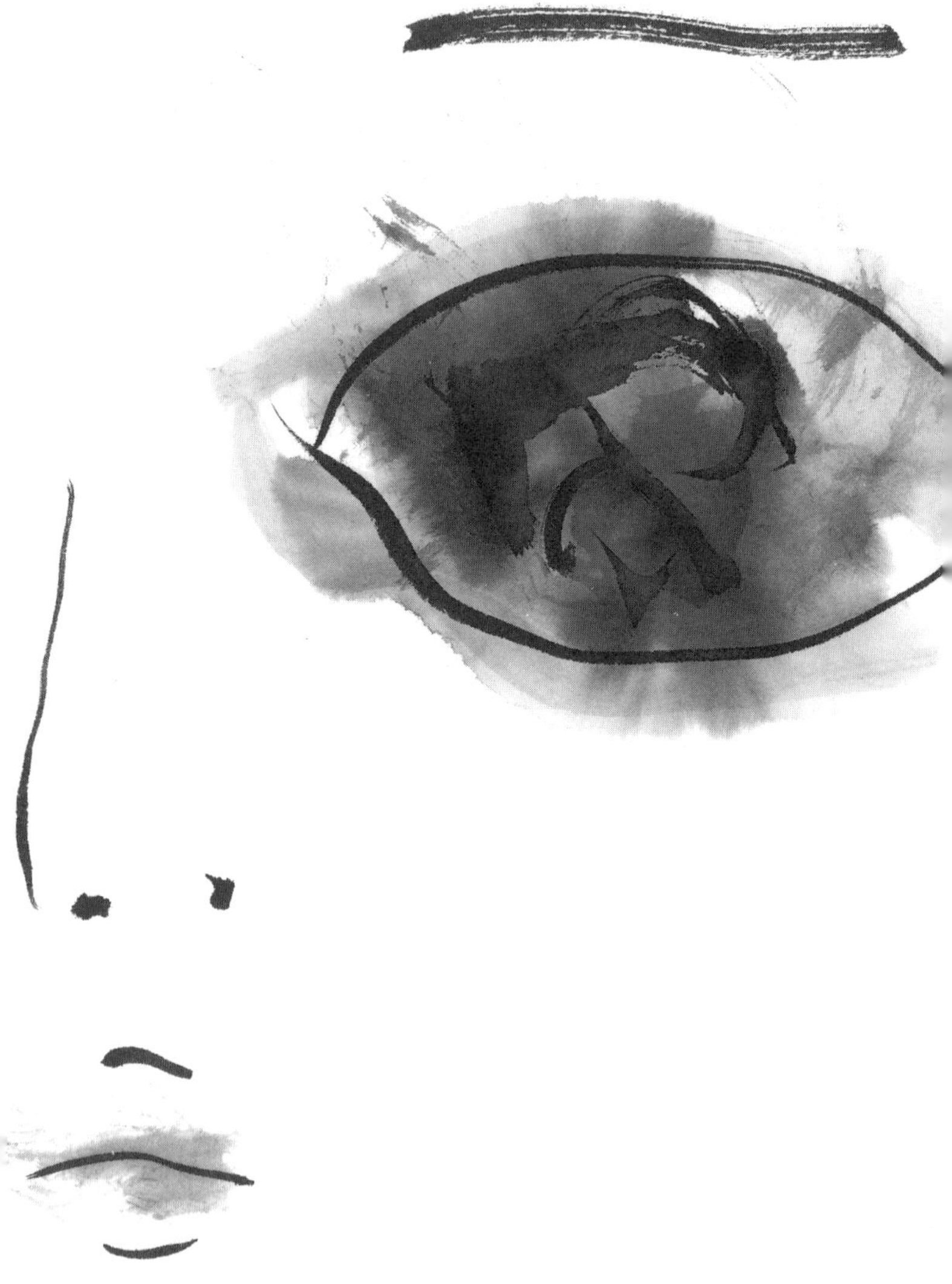

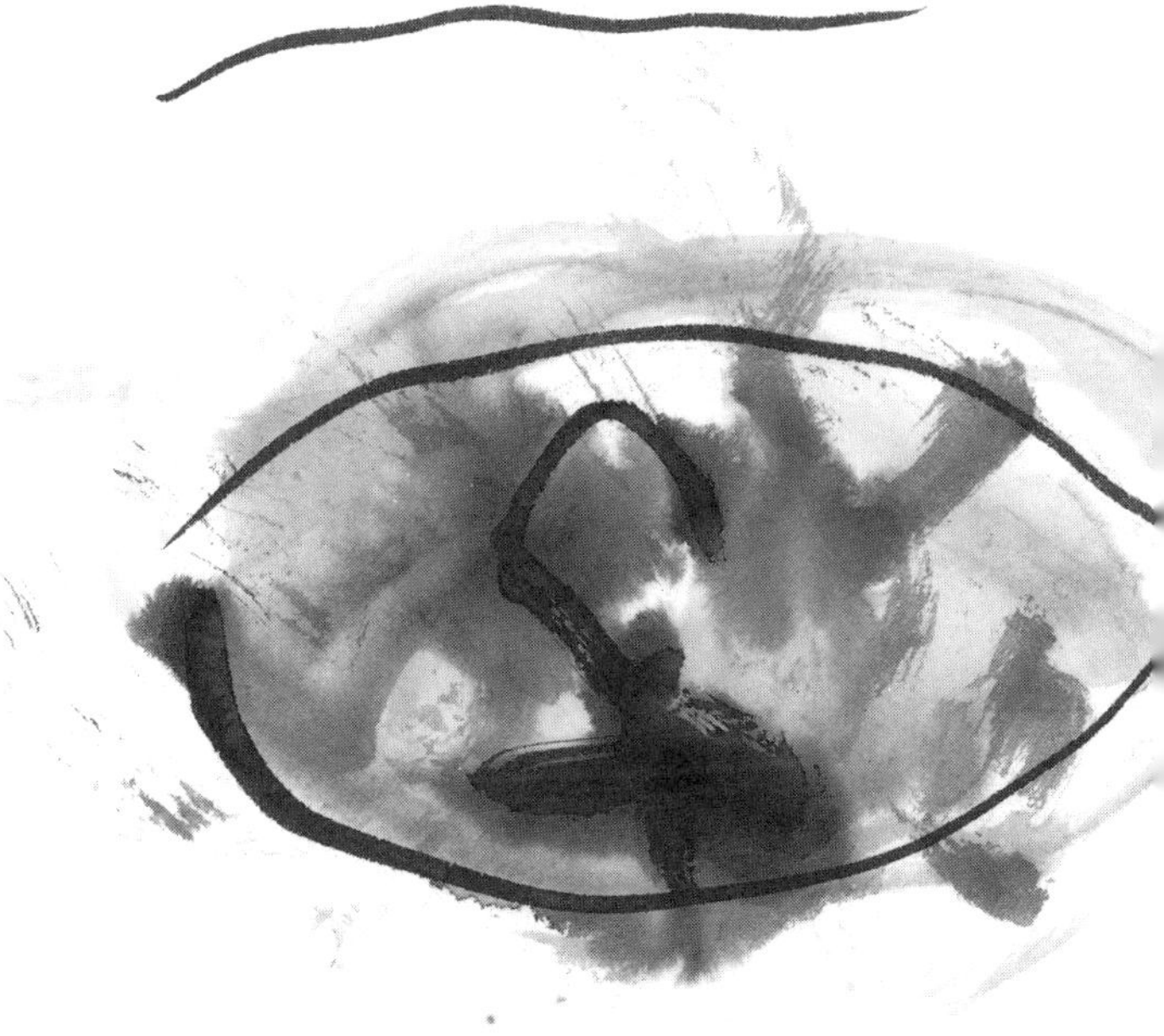

その眼は他人にも向けられる。
あの人は意地悪な人、この人は親切な人、
あそこに住んでいるのは立派な人……。
同じ眼を自分にも向け、
自分とはこれこれこういう人だと決めつける。
それは、自分を知っているのではない。
たんに、自分で自分を縛りつけているのである。

そのような見方で世界を決めつけて
よいのだろうか。そのような見方で、人や自分を
決めつけてよいのだろうか。

自分でつくった偽りにだまされるのは、あまりにも
愚かしい。悩み苦しませる迷路の壁とは、
自分の知見《ちけん》がつくった偽りである。
壁の堅さもまた、知見が生んだ偽りである。

想像が欲望を
ふくらませる

知見とは、自分の狭い知識、自分のわずかな体験、
想像からのみ生まれてくるのではない。
他の人の言説《げんせつ》を信じ込むことからも容易に生まれてくる。
たとえば、ある人が世界とはこれこれこういうものだと
理路整然と説明したとしよう。
もし、その言説に納得して信じ込んでしまえば、
それは知見の壁となって、
さらに自分を縛ってしまうのである。
自分が紡《つむ》ぐ妄想と何も変わらないのだ。

前世、因縁《いんねん》、呪縛《じゅばく》、家相や墓相、吉凶、
種々の占い……それらはみな、人を縛る知見であり、
迷信であり、苦しみの種となるものである。
今の苦しみから脱するためにと思いながらも、
かえって苦しみの種を抱える人の
なんと多いことか。

悩みや問題にぶつかるとき、
人はそこを打開する手立てを考える。

次には、手立てを実行に移したときの結果を想像する。

そして、結論づける。「どうやってもだめだ」「万事休《ばんじきゅう》すだ」

「もう、だめだ。失敗だ」

あるいは、いくつかの手立てを実行してみて
うまくいかなくて、絶望する人もいる。

「もう、どうしようもない」

このときに、悩みや問題という壁の内側に、
さらにもう一枚、「もはや解決手段がない」という
強固な壁がつくられる。こうして、どんどん内側へと
多くの壁がつくられ、しまいには
自分が立つ場所さえなくなってしまう。

しかし、悩みや問題、あるいはまた解決手段は、
自分がそのように名づけた幽霊にすぎない。
ある同じ事柄について、ある人はそれを悩みと名づけ、
別の人はそれを悩みと名づけることはない。
悩みとしないならば、それは悩みではない。
問題ととらえないならば、それは問題ではなくなる。
幽霊がいると思い込む人にとってのみ、影や煙が幽霊に見える。
名称があるものは必ず実在すると思い込んではならない。
自分の眼が見たものを、自分が経験したことを
勝手に名づけ、実在を確信してはならない。

見えているもの。感じているもの。
まさにそこにあるもの。それらはいっさい、
自分の知見がとらえたものにすぎない。
そこにそのような形、そのような性質として、
実在しているとは限らないものなのである。
見えているもの、感じているものは、
すべて自分の心とつながって、
そのようにあるだけなのだ。

たとえば、空腹ならば、手の届かない食べ物が
美味しそうに見える。欲に満ちているならば、
損得のみが大きく眼に入る。怒りを抱いているならば、
何もかもが腹立たしいものに見えてくる。
このように、自分の心のありようが、さまざまな偽りを
自分の眼に見せているのである。
したがって、悩みと苦しみの迷路の壁の強固さは、
まさしく自分の心の強い執着、
異常にかたよった思いと欲の強固さなのである。

¥1…

欲の本質は身勝手な想像に他ならない。
あれを手に入れ、自分のものにできたら
どれほどすばらしいだろうかという想像が欲望である。
だから、手に入らないほどに想像はいよいよふくらんでいく。
商品を売りつけようとする広告は、その欲望を
具体的に刺激する。その商品を手に入れればどんなふうに
生活がよくなるか、いかに便利か、あたかも人生が
新しくなるかのように
宣伝するのが常道なのである。

特定の品物を自分のものにしたいという
欲望より、多額のお金を手に入れたいという
欲望のほうが強いのは、想像がいかようにも変化し
無限に拡大するからである。想像の飛ぶ空間が広いのである。
それは、お金が多くの物品と交換できるという
ことから来ている。資本主義経済は、人間の想像を
拡大することに拠《よ》っているのだ。

欲しかった物や多額の金銭が
もし手に入ったとしても、欲は消えることがない。
物でも金銭でも、その欲望をつくってきた想像のすべてを
埋め尽くすことがないからである。
それだけ想像は大きい。同時に、欲望は果てしなく、
また深い。その分だけ、あらたな苦しみとなる。

欲 か ら 離 れ る

悟ったことによってブッダという尊称で呼ばれた
ゴータマ・シッダールタは、「人生とは苦しみである」と言った。
しかしこれは、どのような人生でもすべて苦しみだという意味ではない。
欲で満たして生きるのならば、人生は苦しみとなるのである。
欲が嵩《こう》じると、若く美しいままでいたい、老いたくない、
果ては死にたくない、とまで真剣に欲するようになる。自分だけ
自然の理《ことわり》の例外になってもいいのだと狂おしく想像するのである。
これは無理もない願いではなく、狂気の欲である。
自然の理を自分だけがくつがえしたいというのだから。

ブッダにならって自分たちも悟りを得たいと
思っていた弟子たちも、この不老の欲を抱いていた。
弟子たちは、ブッダは不老の秘法を明かさずにいると思い込んでいた。
秘法の開陳《かいちん》を願う弟子たちに対して、ブッダはこう答えた。
「人々が妄執《もうしゅう》にとらわれて苦しみ、老いることを気にして
苦しんでいるのを、これまでにさんざん見てきたではないか。
だから、そうならないように励んで妄執を捨て、
かつてのように迷いの中に戻らないようにせよ」

弟子たちの多くはこれでも理解しなかったが、
ブッダの返事の真意は明白だった。
すなわち、欲にとらわれることを呼ぶ妄執を捨てる、
ということである。これは、欲を生むような
想像する心を捨てるということだ。
もっと具体的にいえば、
想像する心から離れるということである。

欲の妄執を生む想像する心から離れる方法は二つある。
一つは、想像を刺激する諸々のものを自分に近づけないことである。
消極的な方法なのだが、ブッダはまずこれを教団の戒律とした。
酒を飲むこと、歌舞音曲《かぶおんぎょく》や演芸を見ること、身を飾り化粧すること、
などを禁じた。のちには集団生活を維持するための規律と見られる誤解も
生まれたが、もともとは心のいたずらな想像の材料を
与えないことを目的とした方法であった。
しかし、耐えることによってこの戒《いまし》めをかろうじて守れるならば、
妄想や欲から離れたことにはならない。
実際、ブッダの死後の仏教者たちはそうなった。

欲心から離れるもう一つの方法は、意識的に欲望を捨てることである。ブッダは単純にこう言った。

「常によく気をつけていて、諸々の欲望を回避せよ。船のたまり水を汲み出すように、それらの欲望を捨て去って、激しい流れを渡り、彼岸《ひがん》に到達せよ」

また、欲が時空間を越えた想像から生まれることをブッダは知っていたから、彼はこうも言った。

「(欲にとらわれている人々は)未来をも過去をも顧慮《こりょ》しながら、これらの(目の前の)欲望または過去の欲望をむさぼる」

しかし、意識的に欲を捨てることはどのようにして可能なのか。それは、ありのままに見る眼を持つことで可能になる。

物事をありのままに見るとは、
自分を関わらせることなく見るということだ。
純粋に見る。ただそのものとして見る。思い込みの
心や感情をまじえずに見る。たとえば、
「幽霊の正体見たり枯尾花《かれおばな》」という言い方がある。
まさしく幽霊と見えていたものが、実は枯尾花、つまり
枯れたススキであったということだ。
それなのになぜ幽霊に見えていたのか。幽霊という
ものがいると思い込んでいたからである。

その思い込みの心と怖ろしいという
感情を関わらせて見ていたから、
枯れススキが幽霊に見えたのである。
純粋に、ありのままに見ていなかったからである。
ススキが幽霊に見えた人を嗤《わら》うことはできない。
わたしたちも同じように、純粋に物事を
見ていないことが多いのである。

ありのままに見る、素朴に見ることが
もっともたやすいのは、自分から遠い物事である。
自分との関わりが薄い物事や人物はありのままに見やすい。
逆に自分に近いほど、ありのままに見ることが
難しくなる。では、自分にもっとも近いもの
とは誰だろうか。

自分自身である。だから、
他人には厳しく自分には甘くなる。
自分をありのままに見ていないからである。
そこには、すでに妄想が生まれている。
そのことを指摘して、ブッダはこう言った。
「自分はすぐれているとか劣っているとか思っては
ならない。（また、他人からあれこれ言われたとしても）
自分自身というものを妄想せずにおれ」
自己を妄想で縛ってはならない。
自分をもありのままに見るのである。

断 定 を 捨 て る

ありのままに見るとは、
最初から何らかの価値や判断を与えて
見たりしないということである。
判断や断定はいかに確固たるもののようであっても、
そのつどの状況によっていかようにも変わる
定まらぬものにすぎない。
学問においてもすべての説は仮説なのだから、
日常の事柄においてはいっそう
すべてが不確かなのである。

判断とはこういうものだ。ある人が、
容器に入った水のような液体に触れて、
これは熱い湯だと判断した。次の人は、同じ液体に
三十分後に触れて、ぬるい湯だと判断した。
その次の人は、これは水だと判断した。
この三人の誰の判断が正しいといえるだろう。
誰もが、これと同じような判断を、物事について、
状況について、他人について、下している。

妄想、判断、断定、憶測《おくそく》、邪推《じゃすい》のたぐいを
いっさい捨てることだけでも、大きなまちがい、断罪がなくなり、
多くの涙を流さずともすむようになるだろう。
そして、なすべきは論争ではなく、状況の改善なのである。
ブッダと同じこの非断定の精神はくすしくも聖書にも記されている。
「汝、裁《さば》くなかれ」「裁きは神にまかせよ」
人は往々《おうおう》にしてまちがうし、その大小のまちがいによって、
あらたなる苦しみ、悲しみが生まれるからである。

ありのままに見るのは現在である。なぜならば、人間も世界も現在を生きているからである。現在にあってどのようにあるかだけを見るのである。

過去にいかに地位と力のあった人でも、現在において悪をなすならば、その人は悪人である。過去に悪人であっても、現在において人助けをしているならば、善い人である。過去も将来も関係がない。

この現在の状態こそ、人生の今である。

誰もが今を生きているのだ。今を見ることこそ、ありのままに見ることである。

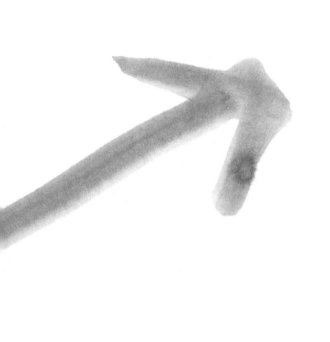

平 等 の 眼

現在の行為のみを見る眼は、実は「平等の眼」である。
ブッダは人種と身分の差別によって成り立っていた古代社会にあって、
世界で初めて平等を唱えた人であった。
ブッダは人の出身を見ない。ただ、現在のその人の行為のみを見る。
現在の行為のみで、あらゆる人に平等に接するのである。
つまり、「平等の眼」による平等とは政治的な言葉や概念ではなく、
人間のもっともあからさまな真実における現実なのである。
善いと言われる人が善いのではなく、善い行いを今まさに
なしている人が今ここにおいて善いと見る眼である。

行為こそがその人であるとしたブッダはこう言った。
「行為によって農夫となるのである。行為によって
職人となるのである。行為によって商人となるのである。
……行為によって盗賊ともなり、行為によって
武士ともなるのである。……賢者はこのように、この行為を
あるがままに見る。……世の中は行為によって成り立ち、
人々は行為によって成り立つ」

役職、肩書、資格といった名称によらず、
その行いによってその人が何であるか明瞭となるのである。姓名がまさに出身と身分を表していた古代にあって、ブッダはありのままに見る眼による平等を唱えたのだった。名称とは、その時代のその社会で便宜的に使われているものにすぎない。
真実はその人の行いである。ありのままに見る眼はそのことを強く照らしているのである。

ありのままに見ることによって、世間で愛と呼ばれている
ものが実は欲得から発した執着であると知れる。
世間で呼ぶ愛の裏はおびただしい欲得と執着で満ちている。
たとえば、美しいから、すぐれているから、魅力的だから、才能が
あるから、商才があるから……多くの人々はこのような
条件を好んでいるのであって、実はその人を好んでいるのではない。
それはすぐれた物を好んでいるのであって、もっとすぐれた
人が現れれば、そちらへとなびくのも当然である。

相手を自分の所有物のように思うのも
欲得である。だから、あたかも数ある物の一つで
あるかのように、邪険《じゃけん》に扱ったり捨てたりできるのである。
別れが悲しいのはそこに執着があるからだ。
したがって、執着心がうすれたとき、人々はかつての別れを
美しい遠い思い出のように感じるのである。
真実の愛ならば、条件も選別も所有も独占もない
はずである。悲嘆もない。

親や兄弟という名称は、自分との関係を示すための社会的名称である。その名称が真実を表しているわけではない。子を愛して育んでこそ親である。兄弟をいつくしんでこそ兄弟である。

他の関係性においても同様に、従業員にやりがいのある仕事を与え、その生活に充分な安心できる賃金を分けるのが経営者である。金銭のやり繰りと収益を伸ばすだけが経営者ではない。

そのように見る眼を持つことによって、社会的名称にとらわれた関係性ではなく、真実の関係性を持つことができるのである。

ここに、ブッダの言う縁起《えんぎ》が生じる。

縁 起

縁起《えんぎ》とは関係性のことである。
自分がここに生きているのは親がいるからである。
親がいるのは、そのまた親がいたからである。
その関係はえんえんと続いてきた。
この関係性からはずれる人間は
ただの一人もいない。

自分がここにこうして生きているのは、
親のおかげばかりではない。これまでに無数の人々が
自分に関わり、自分もまた彼らに関わってきたからである。
そのうちの誰か一人が欠けていても、現在の自分は
ここに存在できない。この関係の中には、善も悪も含まれている。
幸も不幸も含まれている。そして、混沌《こんとん》としていながら、
全体として現在に生きているという意味で調和している。
これが広い意味での縁起である。

縁起には、よいものと悪いものがある。
よい行いをすれば、あるいはよい言葉を使えば、
それは他の人によい影響を及ぼす。
悪い行い、悪い言葉は、当然ながら悪い縁起を呼ぶことになる。
自分一人のちっぽけな悪い行いぐらいたいして影響を
与えることはない、ということはない。
必ず、誰かに、何かに影響を及ぼす。そして、
なによりもまずは自分に影響が及ぶ。すなわち、
原因と結果の連鎖である。
単純ではない複雑な網の海である。

多くの人が、縁起の海の中で溺れている。

そして、自分がどうして今の状況にあるのかを知りたくてもがき、そのあげく単純な因縁《いんねん》話を信じ込んでしまう。

たとえば、悪事をはたらいたり、先祖供養を怠ったために病気になったという因縁話である。現状と過去を結びつけるそのような因縁話を本当だと信じ込む人は少なくない。

神秘的で、かつ単純だからである。

単純で理解しやすいものは好まれる。

しかしながら、単純に考えたがっても
人生は単純にはならない。人生があまりにも
複雑だから、いかようにも解釈できるだけだ。そして、
解釈の仕方で明るくも暗くもなる。
そういう心理構造を見抜いて、占い師や
カルト宗教は狡猾《こうかつ》な商売をしているのである。

縁起を知る意味は、現状から原因を探ったり
当てたりすることではない。そうではなく、
この世界は互いに互いを支えているという関係性を
知ることによって、互いにたいせつに接しなければならないと
充分に自覚して実践すること、よい縁起のために
みずから善に向かうことである。
その善とは、世間でいうところの善ではない。
社会の法律や世渡りのための善ではなく、
ありのままに見る眼でとらえた善、
今ここに生きている人間をいつくしむ善なのである。

悟りへ

縁起によって互いに互いを支え合っているのだから、
誰も自分一人の力のみでこの世に在ることはできない。
だからといって、依存し合っているのではない。
生きることにおいて互いに協力し合っているのだ。
誰一人として孤立していない。孤独でもない。
個人や自我という言葉はあるものの、それは概念の用語でしかない。
現実を見よ。現実に、個々人は離ればなれに
なっているのではなく、他があって私があり、私があって
他があるという関係において、
みんなの存在が現実に成立しているのである。

葉っぱ一枚だけでも、樹木一本だけでも、
森というものは存在しえない。
さらに、土も太陽も雨も虫も必要である。
人もまた同じである。
そのような関係性のことが昔の言葉で「空《くう》」と
呼ばれているのである。

仏教思想の理論ダイジェストとして編集された『般若心経《はんにゃしんぎょう》』にある有名な文句「色即是空《しきそくぜくう》、空即是色《くうそくぜしき》」という漢文表現に特別に深遠な意味が隠されているわけではない。

ただ、「何者も、何事も、それのみで自立しているわけではない」という縁起の構造を「空」という一語で表しているにすぎない。

そもそもブッダは、さまざまな社会階層の出身者たちに、学のない者にも語ったのである。

後世の学者たちが研究しなければわからないほどの難解な道理を語るはずがなかったのである。

悟りにしても同様である。
誰でも悟れるから、ブッダは悟りを勧めたのである。
その悟りとは、縁起がわかることであり、
現実の人間性をありのままに見る眼を持って生きていく
ことにすぎないのだ。したがって、悟りは
研究される事柄ではない。
新しい生き方への跳躍なのである。

悟りの眼によって人生を新しく見つめ、善に向かうのは、もちろん悪い縁起による悩み苦しみから遠ざかるためである。また、常に善に向かっていなければ、真実を見る眼は失われ、世間的な迷いと苦しみの状態に戻ってしまうからだ。

禅師《ぜんじ》たちは「一生が修行である」と言った。

これは生涯にわたって善をなしていくことを意味している。寺という狭い世界で特別な修行をしていくことでは決してないのだ。

仏教を神秘化したり、特別な修行があるように見せかけるのは人をだます手口であり、反ブッダ的な所業《しょぎょう》なのである。

ヒミツ

悟りの眼による善に向かうために
ブッダが勧めた生活態度は次のように
八項目にまとめられ、
「八正道《はっしょうどう》」として知られている。
正見《しょうけん》　正思《しょうし》　正語《しょうご》　正業《しょうぎょう》　正命《しょうみょう》
正精進《しょうしょうじん》　正念《しょうねん》　正定《しょうじょう》

正見、正思　―　ありのままに見る眼で真実をとらえ、縁起の道理を考慮すること。
正語　―　真実に満ちた言葉を話すこと。
正業　―　殺人、盗みなど、悪事をなしたり、加担《かたん》したり、勧《すす》めたりしないこと。
正命　―　善にふさわしい生活をすること。
正精進　―　悪を排し、善を増していくようにすること。
正念　―　偏見や極端な考えを捨て、真実の認識をすること。
正定　―　正しく瞑想すること。

瞑想は神秘体験を得るためではない。心を落ちつかせ、見方のブレを正し、ありのままに真実を見る眼を保っていくための簡便な方法の一つである。

正語は、真実の言葉で語ることだが、ブッダは
次のように口から出る言葉のたいせつさを説いている。
「最上の善い言葉を語れ。正しい理を語れ。
理に反することを語るな。好ましい言葉を語れ。
好ましからぬ言葉を語るな。真実を語れ。偽りを語るな。
自分を苦しめず、また他人を害さない言葉のみを語れ。
安らぎに達するために、苦しみを終滅させるために」
周囲をよく見てみればわかる。ひどい言葉を用いる人は
明らかに人を苦しめ、状況を悪くさせているものだ。
その悪と苦しみは伝播《でんぱ》していくのである。

瞑想

ブッダが勧めるように倫理的に生きていくのは安易なことでもないし、退屈なことでもない。自分との闘いである。自分との闘いにおいて強敵となるのは自分の感情である。嫌味《いやみ》なことをあからさまに言われて気分を害するのはなかなかおさえがたい。誘惑にかられることもあるし、知らぬうちに心がよくない方向へ傾くこともある。心は容易にはおさえがたい。

そのような心と闘って勝つのは難しい。

煩悩《ぼんのう》を滅却《めっきゃく》するのは困難だと昔から言われてきた。

では、どうすればいいのか。その答は、すでに明かされている。

そういう心に直接的に関わらないようにするのである。

心は動いている。
ちょっとしたことで揺れ、歪《ゆが》み、変質する。
また、腹がへっただけで怒りっぽくなったりする。
そのように変化する心にいちいち自分が
つきあわないようにすればよい。心を自分から離して
しまうのである。たとえば、いらいらしているならば、
「ああ、自分の心は今いらついているなあ」
というふうに、あたかも遠くから
眺めているように扱うのである。

もし、いらつく心に同調するように
体を小刻みに動かしたりすれば、自分の全身が
いらつく心に呑み込まれてしまう。それは結局のところ
自分を苦しめることになる。
だから、心の状態に喰われてしまわないように、
心を自分から切り離して、
自分が同調しないようにはからうのである。

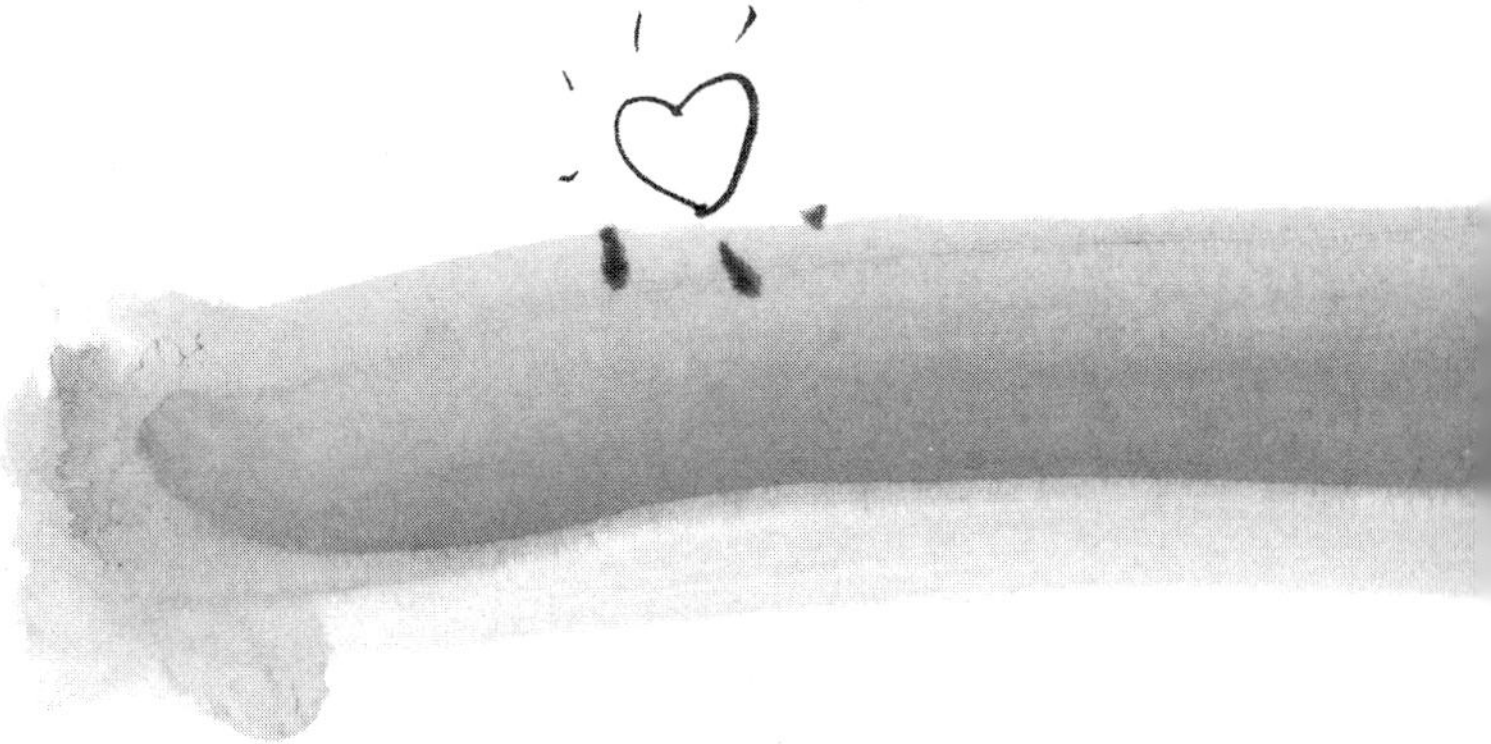

自分は家である。頑丈《がんじょう》な家である。家には窓がある。
その窓から見ると、外の天気がわかる。
天気は常に変わる。天気とは、揺れ移る心である。
稲妻が光ったり、雨が降ったりするのを窓から眺めることができる。
外がいかに荒れようとも、自分は家の中にいて、
濡れることも熱せられることもない。
こうして、揺れる心を自分から離して、煩悩を断つのである。
煩悩滅却とは、煩悩をまったく消すことではない。
心を持ってこの世に生きている限り、
心の感応《かんのう》を完全に殺すことは不可能である。

心を外に置いて眺める窓を持つ家を
建てるために瞑想がある。これは仏教では
禅定《ぜんじょう》と呼ばれている。
瞑想には「想い」という字があてられているが、実際には
何をも思念しない。何も考えず、想像せず、じっと静寂の底に沈む。
最初は、静かな場所で行うと、瞑想は容易になる。
テレビなどの人工的な雑音は避けなければならない。
しかし、自然の音は妨げとはならない。静かになり、
安らぎ、思考と想像を排除するのである。

雑多な思いがたくさん押し寄せてきて
何も思わないことなどできないというのなら、
自分の呼吸に意識を向けてしまえばいい。
ゆっくり吸ってゆっくり吐く
ということだけを意識するのである。

一枚の葉がそこにあるならば、
その葉を見つめることだけに集中してもいい。
動くもの、複雑なものではなく、
単純で動かないものに視覚を固定させてしまう
のがコツである。座ってこの瞑想を
行う方法を座禅とも呼ぶ。

しかし、座禅だけが瞑想の方法ではない。
立っていても、横たわっていても、同じ瞑想ができる。
あるいはまた、注意を要しない単純な作業をしながらでも、
この瞑想は可能だ。要は、何も考えることなく、
今この生をあるがままに体感することである。
この状態を無という。それは、思考と想像から脱して、
生そのものの状態になることを指している。
したがって、無は得がたい神秘的境地ではなく、
誰でも体験しうるものなのだ。

無になったかどうかが
瞑想の成功を決めるものではない。
何も考えず静寂に沈んでいること自体が
瞑想である。五分の場合もあれば、
三十分の場合もある。
時間の長さは瞑想の質と関係がない。
ただ、瞑想の間は時間感覚を失って
いることが多い。

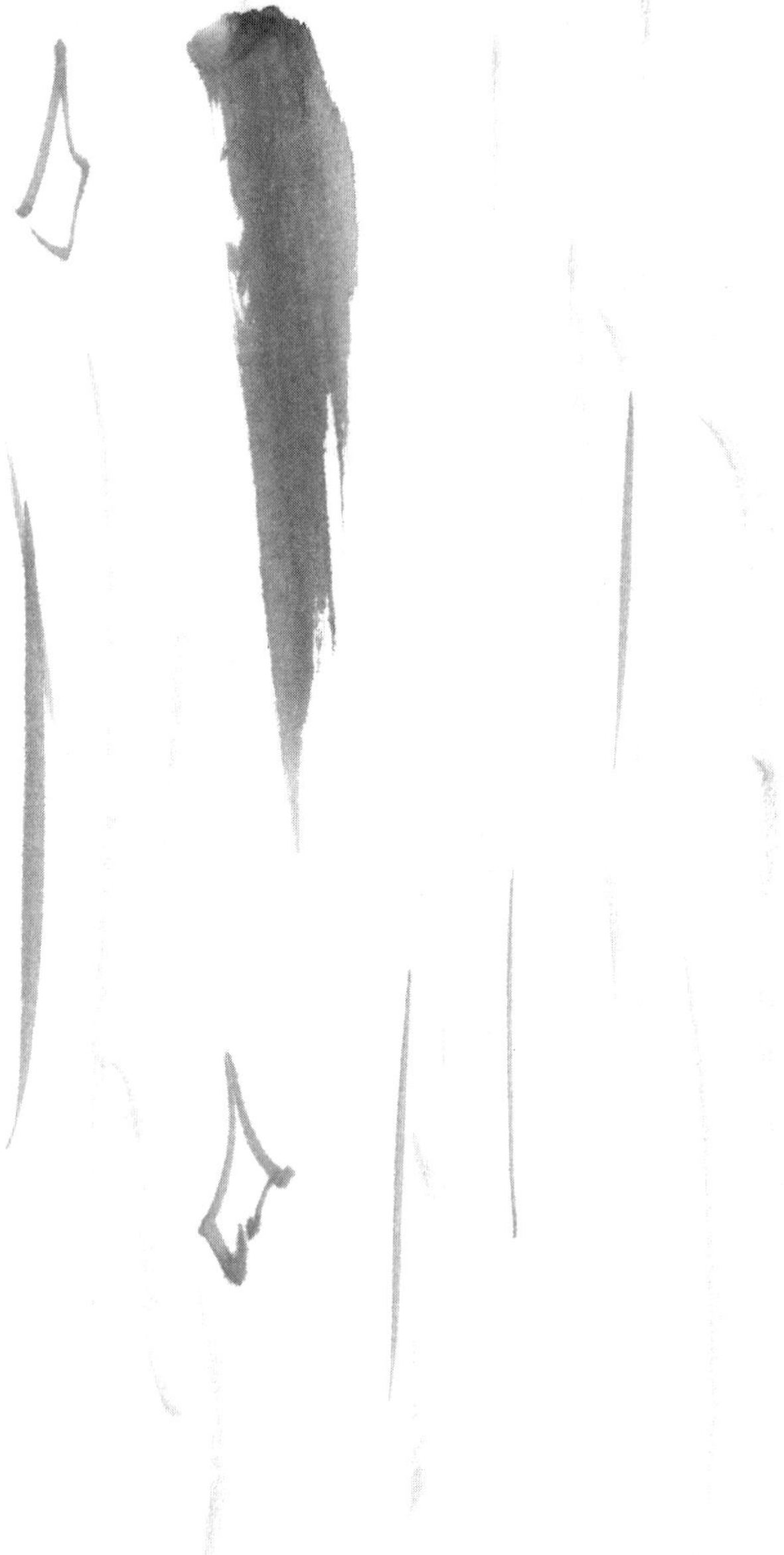

ふだんの自分が騒音にまみれた
濁り水のような自分だとすれば、瞑想直後の
自分は澄みきった真水のようなものである。
生を持った、ただ一個の人である。社会的なもの、
世間的なもの、憂い、期待、怖れ、喜びなどをいっさい
脱いだ自分が現れることに気づくだろう。
そういう自分を「真人《しんじん》」と表現した人もいる。
ただ一個の人間になる。この感覚は
神秘的ではないが、とても清新なものであり、
すがすがしい気分を与えてくれる。

瞑想によって得た清新さは、やがて日常の中で濁り、失われていく。
そのことを惜しむ必要はない。また瞑想をすればいいのだ。
そうして幾度か瞑想するうちに、心を眺める窓ができてくる。
感情のコントロールが以前よりも困難でなくなるのだ。
また、落ちつきも身につく。
今まで見えなかった視点から物事を観察できるようになる。
自分が変わってきたことにはっきりと気づく。
部分的にも世間的なものから抜け出ることに成功したからである。
この段階で、悟りの眼を得ているのである。
ブッダはこの状態で生き続けることを勧めたのである。

慈 愛 へ

瞑想による平穏さは、やがて一心をもたらす。
何事にも一心に打ち込む強い集中力をもたらすのである。
無我夢中でもなく、埋没《まいぼつ》でもなく、耽溺《たんでき》でもなく、
醒《さ》めた意識のままでの一心である。
仕事においても、家事においても、この一心さは大いに役立つ。
物事を成しとげるには必ず一心さが要求されるからである。
一心は、心を一つと書く。
この心はしかし、世間の騒音に感応して揺れる心ではない。
あの堅牢《けんろう》な家、天気の変化に動じない心、
真実を見る眼を持った心である。

一心さはまた、対象との距離をなくさせる。
花を見れば花となり、雨を見れば自分が雨になっている
ような感覚である。これは芸術家の集中力に近い。
遠近感覚の無化、または対象に溶けこんでしまうような
この感覚は、瞑想中に不意に生じることが多いが、
やがて、平生《へいぜい》の生活にも影響を及ぼすようになる。

集中力が強くなるのはもちろんだが、
自分のエゴを捨てられるようになるのである。
自己中心的でなくなり、相手や物事への理解が深まり、
同情ではない本当のいつくしみを体現できるようになるのである。
それは愛と呼ぶべきものではあるが、
かつてのような独占欲や所有欲は含まれていない。
もっと広い愛、穏やかな愛である。

エゴがなく、
すべてに浸透する眼で見るとき、
世界は一変する。なにもかもがかけがえなく
たいせつな存在として見えてくるのである。
その状態をあらわに表現したブッダの
言葉が残されている。

「目に見えるものでも、見えないものでも、
遠くに住むものでも、近くに住むものでも、すでに
生まれたものでも、これから生まれようと欲するものでも、
いっさいの生きとし生けるものは、幸せであれ。
何びとも他人をあざむいてはならない。
たとえどこにあっても他人を軽んじてはならない。
悩まそうとして怒りの想いを抱いて、互いに他人に
苦痛を与えることを望んではならない。

あたかも、母が己《おの》が独り子を命をかけて
守るように、そのようにいっさいの生きとし
生けるものどもに対しても、無量の慈《いつく》しみの心をおこすべし。
また、全世界に対して無量の慈しみの心をおこすべし。
上に、下に、また横に、障害なく、怨みなく、
敵意なき慈しみを行うべし。立ちつつも、歩みつつも、
坐しつつも、臥《ふ》しつつも、眠らないでいる限りは、
この慈しみの心づかいをしっかりと保て」

参考 ―『ブッダのことば ― スッタニパータ』中村元／訳　岩波書店

本書は２００７年に小社より出版された
『さわやかに生きる』を再編集し改題したものです。

仏道に学ぶ 心の修め方

発行日　2017年 5月 30日　第 1 刷

Author　白取春彦

Book Designer　小口翔平+三森健太(tobufune)
Illustrator　しりあがり寿

Publication　株式会社ディスカヴァー・トゥエンティワン
〒102-0093　東京都千代田区平河町2-16-1 平河町森タワー11F
TEL　03-3237-8321(代表)　FAX　03-3237-8323
http://www.d21.co.jp

Publisher　干場弓子
Editor　藤田浩芳

Marketing Group
Staff　小田孝文　井筒浩　千葉潤子　飯田智樹　佐藤昌幸
谷口奈緒美　西川なつか　古矢薫　原大士　蛯原昇
安永智洋　鍋田匠伴　榊原僚　佐竹祐哉　廣内悠理
梅本翔太　奥田千晶　田中姫菜　橋本莉奈　川島理
渡辺基志　庄司知世　谷中卓　小田木もも

Productive Group
Staff　千葉正幸　原典宏　林秀樹　三谷祐一　石橋和佳　大山聡子
大竹朝子　堀部直人　林拓馬　塔下太朗　松石悠　木下智尋

E-Business Group
Staff　松原史与志　中澤泰宏　中村郁子　伊東佑真　牧野類

Global & Public Relations Group
Staff　郭迪　田中亜紀　杉田彰子　倉田華　鄧佩妍　李瑋玲
イエン・サムハマ

Operations & Accounting Group
Staff　山中麻吏　吉澤道子　小関勝則　池田望　福永友紀

Assistant Staff
俵敬子　町田加奈子　丸山香織　小林里美　井澤徳子
藤井多穂子　藤井かおり　葛目美枝子　伊藤香　常徳すみ
鈴木洋子　内山典子　谷岡美代子　石橋佐知子　伊藤由美
押切芽生

Printing　大日本印刷株式会社

ISBN978-4-7993-2105-8

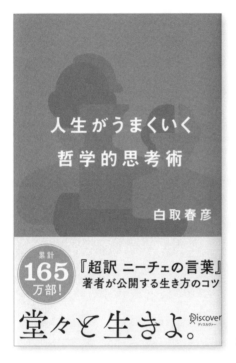